Género **Drama**

I0800077

¿? Pregunta esencial

¿Cómo cambian las historias cuando los personajes son encarnados por animales?

Grandes aventuras de criaturas diminutas

Claudia Ramírez
ilustrado por Liliana Wilson

Para comenzar...

Ambiente:

Una vereda

Personajes:

NARRADOR

PULGA

CARACOL

HORMIGA

Escena 1

(Pulga, Caracol y Hormiga se han encontrado en la vereda después de haber vivido grandes aventuras).

NARRADOR *(con suspenso).* Si quieren saber qué les ha pasado a estos tres amigos, deben olvidar cualquier prejuicio. *(silencio)* La pulga es... ¡un parásito!, pero es una criatura muy saltarina. *(silencio)* El caracol ha hecho gritar a madres y a abuelas por comerse las plantas del jardín y *(con desagrado)* por dejar un rastro de baba, pero es un animal herbívoro inofensivo. *(silencio)* Y las hormigas... bueno, las hormigas son los animales más fuertes del mundo. *(con entusiasmo)* ¡Recuérdenlo bien cuando escuchen las palabras de estos tres!

(El narrador sale del escenario, y Pulga, Caracol y Hormiga empiezan a charlar. Primero, se saludan y, después, cada uno empieza el relato de su aventura...).

Escena 2

¿Mejor volar que saltar?

NARRADOR. Aunque Pulga está inquieta, su valiente experiencia enriquecerá a todos en este lugar.

CARACOL *(desesperado).* Pulga, ¡ya quédate quieta!

HORMIGA *(con risa).* Nos mareas con tanto brinco. Ven *(señalándole una roca),* siéntate ahí.

(Pulga se sienta).

CARACOL *(conciliador).* Si quieres, cuéntanos tu aventura primero. ¿Qué has hecho desde la última vez que nos vimos?

PULGA. ¿Recuerdan a Teo, el gato angora?

HORMIGA. ¡Cómo olvidar a Teo! Vivías en él.

PULGA *(con tristeza).* No duró mucho. Teo hacía cualquier cosa para librarse de mí. Sus ojos verdes, sus garras y hasta sus dientes estaban todo el tiempo sobre mí. *(con desagrado)* Yo vivía entre garras, dientes, lengüetazos y babas tratando de escapar y de alimentarme.

HORMIGA *(conteniendo la risa).* Pulga, es que... a ti... nadie quiere tenerte de inquilina.

(Caracol suelta una carcajada mientras Pulga intenta hacerse la seria, como si el comentario le hubiera molestado –en realidad, no le molestó; le pareció muy gracioso–).

PULGA *(mordiéndose los labios para no reír y haciendo muecas para guardar la compostura).* Era muy difícil vivir con Teo. Era un mal anfitrión. Debía estar escondida día y noche, noche y día, y saltar *(susurrando)* sigilosamente...

(Mientras Pulga relata su aventura, se apresura a imitar los gestos de Teo y a mostrar sus saltos disimulados y pequeños. Hormiga y Caracol se unen en una sola carcajada).

PULGA. Como los escondites se me acababan, quise ser un ave: tener un par de alas y planear como un pájaro me hubiera salvado de las garras y los lengüetazos de Teo. Soñaba con ello las pocas horas que podía dormir en él.

HORMIGA. Pulga-ave... Eso sería muy extraño.

CARACOL. ¡Un cuento de terror!

PULGA *(con seriedad).* ¿Quieren que les siga contando?

(Caracol y Hormiga se miraron, con ojos de complicidad, y después miraron a Pulga. Luego, asintieron con la cabeza).

PULGA. Por estar soñando despierta, no me percaté de que Teo y el perro del vecino se iban a pelear. Como no me di cuenta del inicio de la batalla, no tuve de dónde agarrarme. Salí disparada por el aire. Ni en mi mejor salto hubiera alcanzado semejante altura. *(guarda silencio)*

CARACOL *(gritando con desespero).* ¿Qué pasó?

PULGA. Por fortuna, caí en el lomo del perro. Allí encontré más pulgas como yo, pero no fuimos buenas amigas.

CARACOL *(con preocupación).* ¿Te quedaste sin hogar?

PULGA *(con tristeza).* Algo parecido. Quise más que nunca no ser una pulga, sino tener alas y volar muy alto y muy lejos de ese lugar.

CARACOL *(para darle ánimo).* Pero ¡tienes muchas patas y saltas!

PULGA. Eso lo sé ahora, pero en ese momento, no. *(silencio)* Entre mis correrías en el perro para huir de las demás pulgas y de las garras de este cuadrúpedo, salté por su oreja y no me di cuenta de que ahí estaba la mano del dueño...

(Caracol y Hormiga están boquiabiertos).

PULGA *(con emoción).* ...subí por su brazo a toda velocidad y me quedé quietecita en el cuello de su camisa. Me dormí. *(silencio)* Soñé que era un ave y volaba por encima de la cabeza de aquel humano, del perro, de Teo, del mundo entero. Planeaba con alas gigantescas. De repente, ¡pum! *(salta)* Caí en picada. Me desperté antes de hacerme papilla contra el suelo.

HORMIGA. ¿Te estabas cayendo del humano?

PULGA *(avergonzada).* Sí. Imagínense. Caí al suelo y brinqué, y brinqué y brinqué. Me alejé lo más rápido que pude. De repente, me di cuenta de que el paisaje era diferente: había árboles y caballos. Estaba en el campo; mi sueño de las alas o de ser ave se hizo más fuerte...

HORMIGA. Y por estar fantaseando, te pusiste en peligro de nuevo, ¿cierto?

PULGA *(sonrojada).* ¿Cómo lo supiste? Sí, así fue. Me tropecé con un humano, quien, al verme, casi me aplasta. Él y sus amigos me persiguieron. No sé cómo los perdí, supongo que lo hice... ¡brincando!, ¡saltando!, que es lo que sé hacer.

(Hormiga y Caracol rieron).

PULGA *(sonriente).* Y así llegué aquí a encontrarme con ustedes.

CARACOL. No necesitas alas, tus seis patas te ayudaron a salir de cada embrollo y con ellas llegaste hasta acá, con nosotros.

HORMIGA. ¡Cierto! No necesitas alas. Saltas más alto que cualquier animal: si la rana o el canguro tuvieran tu tamaño, les ganarías.

CARACOL *(entusiasta).* Te mereces la medalla de la mejor saltadora.

PULGA *(con seguridad).* ¡Tienen razón! No lo había pensado de esa manera. ¡No necesito alas! Soy pequeña, ágil y puedo escapar de cualquier peligro con mucha rapidez.

(Pulga, Caracol y Hormiga se quedan celebrando las habilidades de Pulga: la aplauden, la ven saltar, la felicitan y se alegran por el hecho de que logró salir de cada lío).

Escena 3

El coche de la velocidad

NARRADOR. Después de la algarabía por las aventuras de Pulga, es hora de que el joven molusco tome la palabra y comparta lo que le ha sucedido.

(El caracol estira su cuerpo cubierto de baba y saca sus ojos para dar su discurso).

CARACOL *(como confesando un gran secreto).* Aunque ustedes me ven alegre, por lo general soy malhumorado. Hasta hace muy poco tiempo, no me gustaba mi carapacho.

PULGA *(asombrada).* ¿No te gustaba?

CARACOL *(con la mirada baja).* Sí, es que se siente como cargar un gran peso encima.

HORMIGA *(guiñando el ojo).* Te comprendo más de lo que crees.

CARACOL. El carapacho me hace parsimonioso; soy el animal más lento de todos, ¿cierto?

(Pulga y Hormiga no saben qué responder. Solo aguardan en silencio a que Caracol retome su relato).

CARACOL *(molesto).* ¿Ven? Soy lento, y todo es por culpa de este carapacho estorboso. No puedo correr, ni saltar. Todos los animales hacen cosas diferentes, menos, yo. Yo solo me arrastro por el suelo y dejo un hilito dorado... pegajoso.

PULGA *(optimista).* Pero tu carapacho es...

CARACOL. Ahora lo sé. Con esta aventura lo descubrí.

HORMIGA *(impaciente).* Dinos ya. Quiero saber. ¿Qué te ocurrió?

CARACOL. Como no me gustaba mi carapacho, inventé un pequeño coche para andar a toda velocidad. Sería un piloto de un auto de carreras y nadie se burlaría del lento caracol que llega tarde a todas sus citas.

HORMIGA *(haciendo ruidos con su garganta).* Tu relato es interesante y no quiero interrumpirlo, pero debo señalar que hoy no llegaste tarde a nuestra cita.

CARACOL *(sonriente).* Gracias, Hormiga. Como les decía. Hice un coche. Los escarabajos esculpieron las llantas con una mezcla de barro, pasto, madera y piedrecillas. Sobre ellas, las hormigas acomodaron un tablón, y les pedí el favor a las arañas de que con su hilo unieran las partes y aseguraran cada una de las ruedas.

PULGA *(sorprendida).* Qué portento de trabajo, amigo. ¿Cuánto tiempo tardaron?

CARACOL. Dos días. Sin su ayuda, hubiera sido una semana... porque ya saben... me demoro... *(silencio)* Después de que estuvo listo, me subí en él. Tenía que probar mi invento y sí era tan potente y veloz como lo había imaginado. Entonces, reté a los escarabajos a una carrera.

PULGA *(saltando de emoción).* ¡Huy!

CARACOL *(emocionado).* Nunca había sentido una emoción parecida. Era la primera vez que sentía la velocidad en mi rostro. El aire me hacía cerrar los ojos.

Detective del lenguaje	¿Cuál es el complemento directo en la oración subrayada? ¿Por qué?

PULGA *(con emoción).* ¿Ganaste?

CARACOL. Hicimos la carrera en un pésimo día. Había unos nubarrones muy oscuros en el horizonte y, en plena competencia, la tormenta se desató. El suelo se volvió resbaloso, y yo no pude controlar el auto. *(haciendo movimientos erráticos)* Iba de un lado hacia otro.

HORMIGA *(gritando).* ¡Los escarabajos ganaron!

CARACOL. No sé quién ganó, yo no fui. Las ruedas se deshicieron, la tabla parecía un esquí y yo salí disparado contra una roca.

PULGA *(desanimada).* El barro se deshace con el agua.

HORMIGA *(seriamente).* ¿A quién se le ocurrió hacer unas llantas de barro para ensayarlas en un día de tormenta?

CARACOL *(con tristeza).* Cuando me estrellé contra la roca, mi carapacho se rompió. Estaba adolorido y, sobre todo, afligido. No me gustaba mi carapacho, pero no quería perderlo.

PULGA *(con mucha aflicción).* ¿Qué hiciste?

HORMIGA *(con preocupación).* ¿Cómo te recuperaste?

CARACOL *(con tristeza y vergüenza).* Mi malhumor lo había causado. Mi carapacho no tenía su espiral, sino un espantoso zigzag... Tuve que guardar reposo por semanas. Mis padres me aplicaban ungüentos y me cambiaban las vendas.

PULGA. ¿Ya estás bien?

CARACOL *(con orgullo).* Me demoré en sanar, pero, al fin, lo logré. El cariño y el apoyo de mi familia fue el mejor remedio. Además, mientras estuve en la cama, en reposo, reflexioné sobre lo que había pasado. Odiaba mi carapacho, pero, en el momento en el que estuve a punto de perderlo, me di cuenta de que lo quería, lo valoraba y no quería perderlo.

HORMIGA *(con una pata sobre el lomo de Caracol, dándole apoyo).* Si tu carapacho no recibe el golpe, hubieras sido tú quien se golpea contra la roca.

PULGA. No te hubieras recuperado tan rápidamente.

CARACOL. Sí. Mi carapacho es de gran ayuda y es una protección. Ahora lo sé. Tengo un gran escudo que me protege y evita que me haga daño. Seré lento, pero estoy protegido. También descubrí que la velocidad es divertida, pero con mi lentitud puedo observar mejor el paisaje.

PULGA *(sonriente).* ¿Ahora lo quieres?

CARACOL *(seguro).* ¡Lo quiero!

HORMIGA. Caracol y su carapacho son amigos inseparables.

(Los tres animales festejan el descubrimiento de Caracol).

Detective del lenguaje	Vuelve a leer esta página y encuentra los puntos suspensivos. ¿Qué significan?

Escena 4

La fuerza de la comunicación

NARRADOR. Pulga y Caracol ya han aceptado lo que son. Démosle paso al insecto más social de todos, que, más que fuerza, tiene un corazón envidiable.

PULGA *(amigablemente).* Hormiga, ¿qué te ha ocurrido?

HORMIGA. Mi historia no es tan fascinante como la de ustedes, pero también he aprendido una buena lección.

CARACOL *(impaciente).* ¿Qué fue? Dinos de una vez.

HORMIGA. Como saben, las hormigas somos los mejores animales.

(Caracol y Pulga se miran entre sí, y voltean los ojos en señal de desaprobación).

HORMIGA. Solo es un chiste, amigos; no es para tanto. Las hormigas somos muy fuertes. Puedo cargar sobre mi lomo lo que yo quiera. Bueno... *(con tristeza)* no siempre he podido.

CARACOL *(sorprendido y abriendo los ojos).* ¿Qué has dicho?

HORMIGA. No sé cómo ni por qué, pero perdí mi fuerza. Les contaré. Yo vivía en la vereda contigua, en ese hormiguero que sobresale en la pradera. Era laboriosa, trabajaba de sol a sol sin descansar y gastaba toda mi energía en cargar todo cuanto se me atravesara en el camino.

PULGA. Ahora que hablas de cargar comida, ¿no es mejor comerse las hojas que cargarlas? Yo lo haría todo el tiempo.

CARACOL *(con desespero).* Pulga, ¡qué dices! No todos los animales son tan hambrientos como tú, y para que lo sepas, no todas las hormigas se alimentan de lo que recogen.

HORMIGA *(sonriendo).* Llevamos las hojas al hormiguero. Allí las almacenamos y esperamos a que se forme un hongo.

PULGA *(con cara de desagrado).* ¡Fuchi! ¿Comen hongos? Mejor un mordisco de perro o gato fresco.

(Hormiga y Caracol ríen. A Pulga se le hace agua la boca).

HORMIGA *(retomando la compostura).* Sí, nos alimentamos de un hongo. Es delicioso.

CARACOL. Cada animal con su alimento. Prosigue con tu relato.

HORMIGA *(nostálgica).* Después de cargar hojas todo el día, iba al gimnasio a ejercitarme para tener más fuerza.

PULGA *(sorprendida).* ¿No ibas a comer con tus amigas hormigas? ¿Tampoco ibas a jugar con ellas? ¿Solo ibas al gimnasio?

HORMIGA. ¡Exacto! *(con tristeza)* Por estar en el gimnasio, olvidé a mis amigos y a mi familia. Olvidé sonreír y ya no hablaba con nadie. Me repetía a mí misma "No tengo tiempo para los demás".

CARACOL. ¿Preferiste ser fuerte que tener amigos?

HORMIGA. Hasta olvidé cómo hablar con las demás hormigas. Cuando estaba trabajando, me costaba trabajo retomar la fila e ignoraba la información que las hormigas daban con sus antenas.

CARACOL. Y ¿en qué lío te metiste?

HORMIGA. Un día, estaba transportando trocitos de hojas y, de repente, hubo un ventarrón que logró despegar las hojas del suelo y a mí con ellas. Me sentí como ave planeando en la vereda. Cuando el viento mermó, caí al suelo, lejos de la fila y perdí el rastro de las hormigas.

PULGA *(gritando).* ¡Ay!

HORMIGA. Fui por una hoja para subirla a mi lomo y empezar algún camino que me llevara de regreso al hormiguero, pero... cuando intenté levantarla, no pude. Parecía que la hoja pesaba varios miles de toneladas.

CARACOL. ¿Qué te pasó?

HORMIGA *(sorprendida).* No sé. Fue horrible. ¡Yo, sin fuerza, sola! Mientras lloraba, oí una voz: "Tú sabes por qué perdiste tu fuerza".

PULGA. ¿Quién era? ¿Una hormiga? ¿Un pájaro con un apetito voraz que venía a comerte?

HORMIGA. No. Era mi voz interior, y agregó: "En ti está la respuesta para que tu fuerza regrese".

CARACOL. ¿Encontraste la respuesta?

HORMIGA. No muy rápido. *(riendo)* Mi voz interior ayudó. Descubrí que le había dado demasiado valor a la fuerza física y, por ello, perdí la capacidad de comunicarme con mis antenas.

CARACOL. ¿Tus antenas?

PULGA. ¿Qué quieres decir?

HORMIGA. Con ellas huelo y reconozco lo que hay alrededor; además, con mis antenas me comunico con otras hormigas. Descubrí que tener fuerza no es importante, sino que lo realmente valioso es comunicarse.

PULGA. Una gran lección.

HORMIGA. Y también aprendí que no es apropiado aislarse de los demás: todos estamos rodeados de otros seres que pueden ayudarnos, hacernos reír, acompañarnos, divertirnos... La vida es más bonita cuando tienes buena compañía.

CARACOL. Eres un insecto social, vives en comunidad, y una muy grande, por cierto.

(Hormiga, Caracol y Pulga ríen sin parar).

PULGA. Y ¿cómo recuperaste tu fuerza?

HORMIGA. Al darle valor a lo realmente importante, la fuerza volvió por sí sola.

(Los tres animales se abrazan y celebran que cada uno haya aprendido algo. Se sienten alegres y festejan cada una de sus experiencias).

NARRADOR. Dos insectos y un molusco han aprendido grandes lecciones, al igual que nosotros al oírlas. Aceptarnos como somos y tener amigos incondicionales son grandes satisfacciones y los mejores regalos.

Respuesta a la lectura

Resumir

Usa los detalles más importantes de *Grandes aventuras de criaturas diminutas* para resumir la obra de teatro. Usa el organizador gráfico como ayuda.

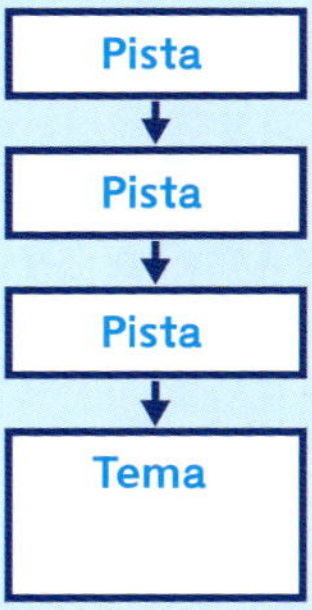

Evidencia en el texto

1. ¿Qué características de *Grandes aventuras de criaturas diminutas* te indican que es una obra de teatro? GÉNERO

2. ¿Qué lección aprendieron los personajes de *Grandes aventuras de criaturas diminutas*? TEMA

3. En la página 6 aparece la palabra *ágil*. ¿Qué antónimos tiene esta palabra? ANTÓNIMOS

4. Escribe cómo el coche hecho por los insectos y las arañas ayuda a Caracol a comprender que su actitud ha sido mala. ESCRIBIR SOBRE LA LECTURA

Género Misterio

Compara los textos

Lee acerca de un animal que resuelve un misterio.

El misterio de la oficina desordenada

Los gritos de la señora Mejorana se escucharon por todo el corral.

—¿Qué sucede? —preguntó Perro Detective que había estado soñando que perseguía gaviotas en la playa.

—La señora Mejorana está muy malhumorada —respondió la gata Tabita.

—Su oficina es un completo desorden —explicó el gallo Beto.

El caballo Pepe se asomó por la ventana. La señora Mejorana, con la cara colorada, caminaba de un lado a otro.

—¡Qué frustración! —gritó—, pasé horas organizando mi oficina, salí un momento y ¡miren lo que sucedió!

Había papeles por todos lados. Los libros estaban derribados, y los bolígrafos, lápices y reglas estaban por el suelo.

—Este es un caso para Perro Detective —dijo Pepe.

—Déjenmelo a mí —replicó Perro Detective.

—La señora Mejorana dice que salió hace media hora, una vez acabó de ordenar —continuó Perro Detective—, ¿qué han hecho todos ustedes en la última media hora?

—Estábamos nadando —respondieron los patos.

—¿Lo pueden probar? —preguntó Perro Detective.

—Es cierto —dijo el gallo Beto—, me salpicaron.

—Yo estaba galopando —respondió Pepe.

—Sí, casi me atropellas —dijo Julia, la corderita.

Perro Detective frunció el ceño y preguntó:

—¿Entonces todos tienen una coartada?

—Disculpa, Perro Detective —murmuró la coneja Lucía—, pero vi al sapo Lino saltar dentro de la casa.

—Excelente, hay un testigo ocular —dijo Perro Detective mientras observaba unas huellas de barro—. Ajá... Son huellas de sapo, ¿dónde está Lino?

—¿Qué es toda esta conmoción? —exclamó Lino.

—Alguien desordenó la oficina de la señora Mejorana —dijo Lucía.

—¿De verdad? —replicó Lino.

—Sí, y hay evidencia de que tú entraste en la casa hace poco —dijo Perro Detective.

—Claro que lo hice —admitió Lino—, fui a la cocina para beber algo. ¿Me puedo ir?

—No tan rápido —gruñó Perro Detective—. Señora Mejorana, ya sé quién desordenó su oficina.

Diez minutos más tarde, Lino estaba ordenando la oficina de mal humor.

—¿Cómo supo quién lo hizo, Perro Detective? —preguntó la señora Mejorana.

—Elemental —respondió Perro Detective—, Lino dijo que saltó a la cocina para beber algo, pero, ¡los sapos no beben! Ellos absorben el agua a través de la piel. Por consiguiente, fue así como supe que era el culpable.

Haz conexiones

¿De qué manera Perro Detective ayuda a la señora Mejorana? **PREGUNTA ESENCIAL**

¿Cómo ayudan a otros personajes los animales en *Grandes aventuras de criaturas diminutas* y *El misterio de la oficina desordenada*? **EL TEXTO Y OTROS TEXTOS**

Enfoque:

Género

Drama Las obras de teatro son relatos que se escriben para ser representados ante un público. El texto se concentra en el diálogo y las interacciones de los personajes. Hay también acotaciones de escena que describen cómo hablan los personajes, qué sienten o qué hacen. Las obras de teatro tienen escenas en lugar de capítulos.

Lee y descubre En *Grandes aventuras de criaturas diminutas,* las acotaciones de las escenas están en itálicas y entre paréntesis. Estas les indican a los actores qué deben hacer o cómo deben hablar. Primero está el nombre del personaje; luego, vienen las acotaciones, y, después, lo que dice el personaje.

Tu turno

Vuelve a leer la página 8. Encuentra las acotaciones que indican qué dice cada personaje y cómo lo dice.

Vuelve a leer las páginas 12 y 13. Escribe una escena que muestre cómo Hormiga le relata a sus amigos, Pulga y Caracol, la razón por la cual perdió su fuerza. Recuerda usar elementos de una obra de teatro para indicar quién habla y cómo, y qué hace cada uno de los personajes.